Pour madame la marquise
de vesac de la part de l'auteur

ÉLOGE
DE
JEAN-JACQUES ROUSSEAU.

ÉLOGE
DE
JEAN-JACQUES ROUSSEAU.

Par M. D. L. C. Avocat.

A AMSTERDAM,

Et se trouve

A PARIS,

Chez LEJAI, Libraire, rue Saint Jacques, au grand Corneille.

1778.

AVERTISSEMENT.

Si Rousseau n'eût pas fait les Mémoires de sa vie, on auroit donné à cet Eloge plus d'étendue ; mais ce seroit faire un outrage à la mémoire de l'homme le plus vrai, que de publier ce qu'il n'a pas dit de lui, & il faudroit être bien imprudent pour essayer de rendre tous ses traits dans le moment où l'on nous annonce son tableau fait par lui-même.

ÉLOGE
DE
JEAN-JACQUES ROUSSEAU.

DEUX grands Hommes ont disparu au même instant de dessus la terre. L'Académie vient de proposer pour sujet du Prix qu'elle accorde à la Poésie, l'Eloge de l'un : n'écoutant que les mouvemens de notre cœur, nous allons nous attacher à faire l'Eloge de l'autre. Ce que nous dirons de l'illustre Citoyen de Geneve, n'ajoutera rien à sa gloire ; mais qu'importe ? en jettant quelques fleurs ſur ſa tombe ſolitaire, nous remplirons du moins envers lui, le devoir le plus ſacré ; celui de la reconnoiſſance.

Ecrivain vertueux & ſublime, oui, tu as été mon bienfaiteur ; tu as fait plus pour moi que n'aurait pu faire le riche qui n'a que de l'or à donner, que l'homme en place, qui n'accorde que de ſtériles faveurs : tu as relevé mon ame dans la triſteſſe ; tu l'as fortifiée contre le malheur & l'injuſtice : tu l'as pénétrée quelquefois d'une douce ſenſibilité ; tu l'as purifiée : oui, j'en fais l'aveu : je te dois & mes plaiſirs & mes vertus.

Du ſein d'une petite République devait ſortir le génie le plus fier & le plus indépendant. Des paſſions actives, une jeuneſſe orageuſe, l'entraînerent bientôt loin de la maiſon paternelle, & lui firent préférer une vie errante & fugitive à la monotonie d'un travail ſédentaire. Béniſſons - les ces paſſions fougueuſes qui ont enlevé un fils à ſon pere, un citoyen à ſa Patrie ; mais qui ont donné un Sage à l'univers. Rendons grace à l'infortune qui a trempé cette ame que le bonheur auroit peut - être énervée, & admirons comment, au milieu de tant de courſes, de privations, de dégoûts, de contradictions, Rouſſeau a pu, dans ſa jeuneſſe, acquérir ce fonds d'érudition, cet amas de connoiſſances dont ſes écrits ſont nourris, & qui, ſi l'on peut s'exprimer ainſi, leur ont donné une conſtitution forte & robuſte qui les fera ſurvivre long - temps à ces ouvrages ſuperficiels, qui cachent, ſous quelques graces de ſtyle, une faibleſſe, une débilité, qui ne leur permettent qu'une existence éphémere.

Voyons-le entrer dans la carriere des lettres. Comme son début est imposant! comme sa contenance est fiere & vigoureuse! Une Académie a mis en question, si les sciences ont été plus utiles que funestes à la société. Rousseau sent qu'en élevant sa voix en faveur des sciences & des arts, il ressemblera à ces adorateurs vulgaires, qui, toujours prosternés devant leurs idoles, ne savent que les encenser. Il ose arrêter un œil sévere sur les Muses; il ferme ses oreilles à leurs sons enchanteurs; elles ne lui paraissent que des séductrices qui énervent la foule des Courtisans empressés autour d'elles. De cette source que tant de Poëtes ont vantée, peut-être pour faire croire qu'ils avoient bu de ses eaux, il voit découler la molle indolence, la baſſe flatterie & les langueurs de l'amour. Plus auſtere que Platon qui éconduit, du moins avec honneur de ſa République, le Chantre de l'Iliade, il voudroit le bannir lui & ſes Diſciples de deſſus la terre.

Les arts ſi célébrés ne lui paroiſſent que de funeſtes découvertes, & qui ſont tout à la fois & les fruits & l'aliment de l'oiſiveté. Peintres, Sculpteurs, cachez vos chefs-d'œuvres; il va tout déchirer, tout briſer. Si les Phydias, les Praxiteles, ne trouvent pas grace devant lui, quelles eſpérances vous reſtent-ils, Artiſtes efféminés, dont les pinceaux, dont les ciſeaux, dont le burin ſont conduits par la volupté? Architecte, que médites-tu? Eſt-ce le plan d'un Hôtel, ou celui d'un Temple? Le Temple de Dieu, c'eſt l'univers: la demeure de l'homme, c'eſt une maiſon ſaine, où le pere de famille puiſſe régner en paix : ces frontiſpices impoſans, ces colonnes d'ordres différens, ne ſont qu'un vain luxe. La modeſtie, voilà le frontiſpice de la demeure du ſage; le travail & ſes vertus en ſont les colonnes. Elles feront plus que d'en prolonger la durée; elles la releveront lorſque le temps l'aura abattue.

Si vous l'en croyez, Académiciens érudits, qui obſervez l'empreinte d'une médaille antique, qui cherchez à interpréter quelques caracteres effacés, vous ne vous occuperez pas des hommes qui ne ſont plus; vous ferez le bonheur de ceux qui exiſtent : le paſſé n'eſt rien; c'eſt au préſent, c'eſt à l'avenir qu'il faut ſonger. Qu'importe à la félicité de la génération actuelle, que tel événement qui lui eſt étranger, ſoit arrivé un ſiecle plutôt, ou un ſiecle plus tard? Inſenſés! vous n'avez qu'un jour à vivre, & au lieu de jouir de ſon éclat, vous vous enfoncez dans la nuit qui l'a précédé.

On ne ſait cependant qui l'on doit le plus admirer, ou de l'homme de lettres, qui enviſageant les ſciences ſous un aſpect défavorable à la ſociété, a le courage de s'élever contre elles, ou de l'impartialité de l'Académie qui couronne l'éloquence même qui la foudroye.

Mais voici une nouvelle queſtion qui ſe préſente, & qui va fournir à Rouſſeau une brillante occaſion de développer ſon génie. Il s'agit d'examiner *quelle eſt l'origine de l'inégalité qui ſe trouve parmi les hommes, & ſi elle eſt autoriſée par la loi naturelle.* Qui ne l'a pas lu ce Diſcours que l'on croiroit avoir été fait pour être prononcé en préſence du genre-humain aſſemblé, & pour lui apprendre ce qu'il a été & ce qu'il a perdu? Cet ouvrage eſt celui d'un Citoyen du monde, qui n'a point courbé ſa tête ſous le joug des préjugés, & ne voit parmi ſes ſemblables d'autre différence que celle que la nature y a miſe; qui, après avoir peſé long-temps leurs droits, oſe les faire valoir, & les défendre. Tout admirateur que nous ſoyons de l'érudition qui regne dans ces deux Diſcours, de la profonde Logique qui accable le Lecteur, de l'éloquence qui le ſéduit, qui l'entraîne, nous ſommes bien éloignés d'en adopter les dangereux principes. Non, il n'eſt pas vrai que les arts qui donnent un ſi grand avantage à l'homme ſur l'ignorant, qui multiplient ſes ſentimens, qui perfectionnent ſes affections, qui charment ſes douleurs, qui enlevent à la ſolitude ſon ennui, ſoient de funeſtes découvertes. Il n'eſt pas vrai non plus que ce qui pourroit arriver de plus heureux pour l'homme, ce fût qu'il reſtât éternellement ſtupide habitant des forêts, qu'il y vécût avec les animaux, tandis que la nature a mis tant diſtance entre eux & lui.

Un Ecrivain, dira-t-on, qui appuie de ſemblables paradoxes, a-t-il donc tant de droit à l'eſtime, à la reconnoiſſance publique ? Ingrats, vous n'ignorez pas quelle en fut la cauſe : l'abus que vous avez trop ſouvent fait des arts, a été ſi funeſte à l'humanité, que dans l'aliénation de ſa douleur, il auroit voulu pouvoir la replonger dans l'ignorance & dans l'état sauvage : respectez, chérissez cet heureux délire ; vos ennemis n'en éprouveront jamais de semblable.

Qui auroit pensé que ce Censeur austere de nos plaisirs, après s'être emporté d'une maniere si véhémente contre la société & ses découvertes, feroit un des plus charmans usages de l'art des sons ; qu'il prépareroit la Nation engourdie par un chant monotone & languissant, à subir une heureuse révolution dans sa musique ? Rousseau est le premier qui ait fait entendre la vérité en musique, comme il est le premier qui ait présenté la nature simple & naïve à l'Opéra. Son génie n'a pas eu besoin, pour nous charmer, d'appeller à son secours les féeries & les enchantemens.

On croiroit que son ame s'est amollie

aux sons de sa propre lyre, qu'elle a perdu cette âpreté de principes, qui la caractérise : non, jettée par le sort au milieu des délices de Capoue, elle a subi la dangereuse épreuve de ses plaisirs, & n'en est pas resté moins pure.

Un Philosophe dont les principes sont moins séveres, invite les Genevois laborieux à bâtir dans le sein de leur Cité, un temple à Thalie & à Melpomène. A cette idée, le vertueux Citoyen de Geneve frémit ; il croit voir tous ses Concitoyens que son imagination se plaît à comparer à des Spartiates, transformés tout-à-coup en Esclaves efféminés, par d'adroites Circés. L'amour du travail fait place à l'oisiveté ; la gravité de la réflexion est bannie par la frivolité ; la chasteté fuit devant le vice & les plaisirs faciles : il aimeroit mieux voir les murs de Geneve assiégés par l'ennemi, que ses portes s'ouvrir à une troupe de Comédiens : elle est à ses yeux ce qu'étoit ce cheval fameux qui ne présentoit au premier aspect aucun danger, & renfermoit dans ses larges flancs d'affreux bataillons qui porterent par-tout la flâme & le ravage.

Nous devons à cette idée, exagérée sans doute, le sublime Discours contre les Spectacles. Combien les déclamations de nos Orateurs sont froides & insipides, en comparaison de cette vigoureuse sortie d'un Protestant qui n'est inspiré que par son génie & sa vertu ! quelle aimable & touchante diffusion ! La Poésie nous a-t-elle jamais offert une peinture plus séduisante, un épisode plus intéressant, que la description de ce Peuple montagnard, dont

l'industrieuse

l'induſtrieuſe pauvreté eſt ſi préférable à l'opulence des Nations qui l'environnent ?

O vous qui vous annoncez pour vouloir rendre les hommes meilleurs, c'eſt dans ce diſcours que vous apprendrez comment on peut parer la morale antique des graces de la ſenſibilité & des attraits de la ſéduction.

Il entroit dans la deſtinée littéraire de Rouſſeau, de paroître toujours en oppoſition avec ſes écrits. Il s'étoit élevé contre les ſciences & ſon diſcours prouvoit combien il s'en étoit occupé. Il prêtoit à la vie ſauvage tant de douceur, que l'on étoit tenté après l'avoir lu, d'imiter cet Hottentot qui ſe dépouilla des riches vêtemens qu'on lui avoit donnés, ſe couvrit d'une peau de mouton & ſe ſauva dans les forêts ; cependant il vivoit au milieu du monde, & ne ſe déroboit à aucun de ſes amuſemens. De la même main dont il écrivoit contre la Musique Françaiſe & l'Opéra, il traçoit le plan d'un Opéra Français, & notoit ces phraſes muſicales dont l'effet eſt ſi léger, & ſi pittoreſque. Enfin ſa Comédie de Narciſſe étoit tombée ſur la Scene, lorſque ſon diſcours contre les Spectacles fixa ſa place au rang des plus grands Ecrivains.

Les ennemis de Rouſſeau n'ont pas manqué de tirer avantage de cette contradiction apparente; la plûpart d'entr'eux avertis par leur foibleſſe, ſe donnèrent bien de garde d'employer contre ce vigoureux adverſaire, les armes du raiſonnement. Ils ſe ſervirent de celle du ridicule, qui chez une Nation plus enjouée que réfléchie, fait des bleſſures bien plus profondes.

C'eſt ici le lieu d'examiner ſi ce reproche d'inconſéquence que l'on a ſi ſouvent fait à Rouſſeau, eſt fondé, & ſi le public, écho trop fidele de la premiere voix qui lui en impoſe, n'a pas été injuſte à l'égard de l'homme dont il dévoroit les ouvrages. Un Partiſan de l'ignorance qui, après avoir déclamé contre les ſciences, & avoir repréſenté ceux qui s'y adonnent comme des hommes perdus pour l'agriculture, ou pour d'autres profeſſions, qui lui ſembleroient être infiniment plus utiles à la ſociété, quitteroit tout-à-coup ſes occupations journalieres pour s'enfoncer dans l'étude, ſeroit ſans doute un homme inconſéquent. Il faudroit porter le même jugement contre le chef d'une troupe de ſauvages, qui après avoir exalté devant ſes compagnons leur indépendance, leur oiſiveté, la vaſte étendue de leur habitation, leur montreroit de loin les Cités comme de tristes enceintes, où des esclaves entassés s'excèdent, se consument pour les plaisirs de leurs tyrans, & finiroit par aller s'y renfermer.

Rousseau n'étoit ni l'ignorant qui a ses raisons pour haïr les arts, & qui est le maître de ne les jamais cultiver, ni le sauvage qui a goûté les attraits de la véritable indépendance; on ne peut donc tout au plus lui reprocher que d'avoir eu trop de disposition à s'exagérer à lui-même les inconveniens qui sont resultés de la marche que l'espece humaine a faite en s'éloignant de son premier état.

Oui, on peut, sans être inconséquent, publier que les Spectacles entraînent la mollesse, le luxe & l'oisiveté dans une petite République, & faire une Comédie pour le Théâtre d'une Capitale ; on peut, ſans être en contradiction avec ſes principes, trouver le chant de Lully languiſſant, l'orcheſtre de l'Opéra confus, le Spectacle d'une ennuyeuſe magnificence, & compoſer le Devin du Village.

Dans un moment où le fleau de la guerre menace toute l'Europe, où les Souverains, après avoir paru ſoumettre leurs prétentions au jugement de la raiſon, finiſſent par vouloir ſubjuger les eſprits par l'aſpect effrayant de leurs nombreux bataillons, oſerons-nous parler de ce projet de paix perpetuelle, ſur lequel Rouſſeau répandit une ſi grande clarté, qu'il n'eſt plus poſſible de la regarder comme *un rêve*, à moins que la juſtice ne puiſſe pas abſolument ſe concilier avec la force, & que l'humanité ne doive pas ſe flatter que dans les siecles de lumiere, les Rois attacheront plus de prix à la vie & au repos de leurs sujets, qu'ils n'en ont mis dans les temps d'ignorance & de barbarie.

Rousseau s'étoit acquis assez de gloire pour avoir beaucoup d'admirateurs, & beaucoup d'ennemis; mais un ouvrage d'un nouveau genre devoit lui créer une foule d'enthousiastes de tous états, de tout sexe; on sent que je veux parler de la nouvelle Héloïse, de ce livre enchanteur dans lequel les défauts mêmes sont des beautés, où l'amour a un si grand empire, qu'il rend tout excusable; dont le style superbe, enflâmé, charme l'oreille & brûle le cœur, où tout est si attachant, que les longueurs ne paroissent jamais des inutilités, où l'invraisemblance disparoît sous le pouvoir de l'illusion. Julie, femme plus ſublime encore après ta faute, je me ſuis plû long-temps à croire que tu avois exiſté, & mon cœur a ſenti pour toi tout ce que Saint-Preux t'écrivoit.

La nouvelle Héloïſe eſt ſans contre-dit le premier des Romans Français. Il n'en eſt point où le ſentiment ſe ſoit répandu avec autant de feu & d'énergie, où l'expreſſion ſoit auſſi riche & auſſi pompeuſe, où les perſonnages ſoient auſſi marqués, auſſi diſtincts, où l'on éprouve une émotion auſſi continue, où il y ait autant de vérité à travers les invraiſemblances, autant de raiſon au milieu du délire des paſſions, autant de vertu au milieu des faibleſſes. Il n'en eſt point qui laiſſe à beaucoup près, une impreſſion auſſi profonde & un auſſi long ſouvenir ; à quelque page qu'on l'ouvre, on y trouve de l'intérêt. On l'a lu ; on le ſçait par cœur, & s'il ſe préſente ſous la main, on a autant de peine à ſe défendre de le lire encore qu'on en a à le quitter ; ſemblable à ces charmants boſquets où un inſtinct ſecret nous conduit preſque malgré nous, & que l'on revoit toujours avec plaiſir, quoiqu'on les ait parcourus cent fois, & que l'on n'ait plus rien de nouveau à y découvrir.

On a prétendu que Rouſſeau en mettant la nouvelle Héloïſe au jour, n'avoit fait que publier l'hiſtoire de ſes premieres amours ; ſi cela eſt, on peut dire qu'il a fait partager à ſes lecteurs ſes plus douces jouiſſances. Quoi qu'il en ſoit, il eſt très-préſumable qu'il éprouva dans ſa jeuneſſe une forte paſſion, excitée par la contradiction. L'imagination ſeule ne ſuffit pas pour composer un pareil ouvrage. Peu de livres ont fait une aussi prodigieuse sensation que la nouvelle Héloïse. Les jeunes gens la dévorerent ; & quoique l'Auteur eût expressément recommandé aux jeunes personnes de l'autre sexe de ne pas la lire, elle fut pour elles le fruit défendu. Si d'après cette lecture trop séduisante, leur cœur s'est ouvert à l'amour, la peine de leur désobéissance a été pour elles d'être précipitées de la région des plus heureuses illusions, dans le triste abîme qu'habite la vérité.

Rousseau qui, en frondant toutes les opinions reçues, n'avoit acquis jusqu'à ce moment que la réputation d'un homme éloquent qui abusoit de son génie, pour créer & appuyer des paradoxes, devint à cette époque un homme infiniment précieux aux femmes aimables ; toutes vouloient voir & entendre celui qui avoit si fortement senti ce qu'elles ont toutes la prétention d'inspirer : plus Rousseau se produisoit au dehors par ses Ouvrages, plus il s'enfonçoit personnellement dans la retraite & dans l'obscurité ; peut-être en se dérobant à la curiosité des gens du monde, & en se refusant à leurs empressemens, goûtoit-il le plaisir de la vengeance. Car il fut un temps où l'homme qui renfermoit dans sa tête cette foule de richesses, qui s'est depuis répandue avec tant d'abondance, ne présentant que l'extérieur le plus modeste, étoit à peine écouté lorsqu'il osoit adresser la parole à l'orgueil puérile qui mesure presque toujours son attention sur la contenance & l'air plus ou moins opulent de celui qui lui parle.

Il eſt heureux ſans doute que Rouſſeau, au lieu de s'amuſer à aller reſpirer dans les cercles brillans de la ſociété cette fumée de la gloire, qui enivre ſi délicieuſement les Auteurs & leur fait perdre ſouvent la raiſon, ſe ſoit livré à la ſolitude, pour achever ſes autres Ouvrages dont il avoit au moins déja conçu le plan. Le premier qui parut après la nouvelle Héloïſe, fut cet excellent Traité d'éducation où les meres ont lu ce que la nature leur avoit répété tant de fois, ſans en être entendue ; il ne manquoit plus à la gloire de Rouſſeau que de remporter le prix de l'éloquence, même ſur la nature; auſſi avons-nous vu depuis pluſieurs eſtampes où l'enfance le couronne. En ſupprimant du livre d'Emile ce que les Magiſtrats & les Miniſtres de la Religion y ont pu trouver de repréhenſible, il eſt difficile d'en indiquer un où la raiſon ſe préſente avec plus de force & d'attraits, où les préjugés de la vanité ſoient plus ſagement écartés, où le chemin de la probité & du bonheur ait une ligne plus droite ; la prudence elle-même ſemble l'avoir tracée. Tandis que le livre d'Emile étoit dans toutes les mains, ſon Auteur, dont nous ſommes bien éloignés de vouloir excuſer les erreurs, fuyoit de contrée en contrée pour dérober ſa tête à la Juſtice.

Un Prince dont la vie a été marquée par quelques grands traits, ayant ouvert à Rouſſeau un aſyle aſſuré dans ſon Palais, tout Paris s'y porta en foule pour entrevoir au moins cet homme étonnant, qui au grand intérêt qu'il tiroit de la célébrité de ſes écrits, réuniſſoit encore celui que donne le malheur.

Les Deux Souverains qui ont depuis paru dans cette Capitale n'ont pas à beaucoup près attiré ſur leurs pas un auſſi grand concours de monde, ni excité un auſſi vif deſir de les voir: tant il eſt vrai que l'homme auquel la nature a remis le ſceptre du génie, & qui par la ſupériorité de ſes lumieres regne ſur les eſprits, a le plus puiſſant & le plus beau des Empires. M. de Voltaire, quelques jours avant ſa mort, a confirmé cette vérité par le plus magnifique des triomphes. Pourquoi faut-il que ces deux hommes ſi célèbres, qui après avoir brillé éloignés l'un de l'autre, s'étoient rapprochés & ont terminé leur carriere à ſi peu de diſtance, ayent été diviſés? Les routes qu'ils ſuivoient, étoient ſi différentes! il pouvoit ſi peu exiſter de rivalité entr'eux! Rouſſeau avoit commencé par rendre des hommages si publics à Voltaire! Voltaire avoit fait à Rousseau des offres si généreuses!... La vertu sauvage du Stoïcien heurta les principes de l'aimable Epicurien; il n'en fallut pas davantage pour exciter à la vengeance un vieillard irascible; on sait combien elle a été cruelle; on se rappelle aussi avec quelle patience & quelle noble modération le sage Rousseau se vit en butte aux traits multipliés du Poëte qui ne fit jamais de légeres blessures à ses ennemis, & qui auroit tué Rousseau, s'il n'eût pas été un homme immortel.

Cet Ecrivain qui avoit fait précéder ses travaux littéraires d'une si longue méditation, de lectures si savantes, de recherches si approfondies, avoit acquis une fécondité rare; il avoit besoin de répandre sur le papier cette surabondance d'idées ſous leſquelles ſon cerveau étoit pour ainſi dire opprimé ; auſſi malgré ſes courſes pénibles, malgré les chagrins véritables qu'il éprouvoit, malgré ceux que ſon imagination lui créoit, & qui n'étoient pas les moindres, donna-t-il le jour au *Contrat ſocial*, Ouvrage qui ne peut nous être gueres plus utile que le ſeroit une très-ſage ordonnance de Médecin qui indiqueroit les remedes dont on auroit dû faire uſage pour entretenir dans une parfaite ſanté un homme qui viendroit de mourir.

Ses lettres de la montagne qui exciterent dans Geneve une fermentation ſi tumultueuſe, prouverent ce que peut un Ecrivain éloquent ; ſa plume eſt un levier avec lequel il donne à l'univers le mouvement qu'il lui plaît. Rouſſeau qui depuis trop long-temps fuyoit devant la calomnie

& la vengeance, sentoit enfin ses forces épuisées ; il cherchoit un pays où il pût reposer tranquille : l'Angleterre que l'on dit être l'asyle de la liberté, lui avoit ouvert son sein ; mais il n'y avoit puisé que de l'amertume. La France trop calomniée, trop déchirée par ses propres enfans, avoit, malgré ses torts, plus d'attraits que toute autre contrée aux yeux de cet étranger qu'elle avoit adopté & ; dont elle regrettoit la perte ; Rousseau vint s'ensevelir dans sa Capitale. Le même homme qui, quelques années auparavant, avoit été assailli par l'enthousiasme & le fanatisme de ses admirateurs, vécut solitaire & presque ignoré dans un asyle que la médiocrité n'auroit pas voulu habiter : ce ne fut point l'indifférence qui le délaissa. Ce furent la décence & l'honnêteté qui respecterent

rent la volonté ferme d'un Philoſophe qui ne deſiroit plus que la ſolitude & le repos. Dégoûté du monde, il ne ſe plaiſoit qu'avec les plantes & ceux qui paſſent leurs jours à les obſerver : on eût dit que ſon eſprit fatigué d'avoir ſi long-temps plané dans les Cieux, avoit beſoin de venir ſe repoſer ſur la terre.

Cependant, ſi l'on en croit quelques perſonnes inſtruites, les Mémoires de ſa vie ne ſont pas le ſeul Ouvrage de lui, que nous ayons encore à eſpérer : on nous a aſſuré qu'il avoit ajouté deux volumes à Emile, dans leſquels cette Sophie, élevée par une mere ſi ſage, & devenue l'épouſe d'un jeune homme vertueux, s'égare, ſe corrompt, & met le courage de ſon mari aux plus cruelles épreuves.

Tandis que ce grand homme étoit, pour ainſi dire, deſcendu du haut de ſa gloire dans la plus profonde obſcurité ; tandis que l'Auteur d'Emile condamnoit ſa plume brûlante & créatrice, à copier ſervilement une muſique qui lui étoit étrangere, comme s'il eût voulu la punir du mal qu'elle lui avoit fait, les Comédiens François enrichiſſoient leur Scene d'une piece qui ouvrira peut-être un jour une nouvelle carriere aux Auteurs qui travaillent pour le Théâtre. Ceux d'entr'eux qui, au lieu de vouloir encore ajouter du merveilleux à la fable, préféreront de lui donner l'air de la vérité, ſans lui rien faire perdre de ſes graces, ne pourront pas choiſir un plus parfait modele que Pigmalion.

Rouſſeau n'étoit rentré en France, qu'en

promettant de ne réveiller par aucun écrit l'attention de la Justice qui feignit d'ignorer son retour. Esclave de sa parole, il lui en coûta peu d'immoler sa gloire à sa probité ; car les lettres peuvent encore plus s'honorer des vertus de Rousseau, que de ses grands talens. Nous ignorons ce que les Mémoires de sa vie privée nous apprendront un jour ; mais nous connoissons tous son noble orgueil, son dédain pour les richesses, sa frugalité, la touchante simplicité de ses mœurs, son amour pour la vérité & le grand exemple de modestie qu'il donna à son siecle.

Jamais homme de lettres ne sentit mieux que lui la dignité de son existence, & n'en soutint les priviléges avec plus de noblesse. Son premier Discours annonce que l'indigence qui a dégradé, avili tant d'ames, n'avoit rien fait perdre à la sienne de son énergie. Un Souverain que ses vertus éleverent au-dessus du malheur, ne craint pas de se compromettre en entrant en lice avec Rousseau, & Rousseau le combat sans orgueil & sans bassesse. De Boissy, chargé de la rédaction du Mercure, a l'imprudence d'y insérer une copie tronquée de la réponse de Rousseau à une lettre de Voltaire. Rousseau s'éleve contre cet oubli de procédés, subjugue le Journaliste par un ton aussi noble qu'imposant, & le force de publier la leçon qu'il lui donne, & qu'on n'a pas assez retenue.

Il n'est pas plus humilié de sa pauvreté, que Diogene ne le fut de la sienne. Une femme que sa beauté, que ses agrémens ont portée au plus haut degré de faveur, ne put obtenir de lui l'honneur d'être sa bienfaitrice ; il osa mettre des bornes à la générosité d'un Prince du Sang, peu accoutumé à rencontrer de pareils obstacles.

Les Paysans de Montmorency qui le voyent sous les habits les plus simples, se promener autour de leurs vergers, discourir familierement avec leurs femmes & leurs enfans, écouter, assis au milieu d'eux, les instructions publiques de leur Pasteur, sont bien éloignés de soupçonner l'intervalle immense qui les sépare de cet homme, dont l'extérieur est si modeste.

Malgré son indigence, Rousseau trouva le moyen d'être charitable ; il ne recevoit rien des riches, & il donnoit aux pauvres.

Nous voudrions pouvoir dissimuler que cette imagination exaltée qui avoit quelquefois la sérénité d'un beau ciel, étoit souvent obscurcie par une espece de misanthropie qui donnoit à Rousseau l'apparence de la dureté, & lui faisoit repousser l'amitié qui osoit à peine s'offrir à lui. Ses ennemis ont prétendu qu'elle prenoit sa source dans une vanité concentrée, que rien ne pouvoit satisfaire : pourquoi ne l'attribuerions-nous pas plutôt aux douleurs aiguës qu'une maladie incurable lui faisoit ressentir ?

Oui, j'aime à le croire, ce furent d'abord ses souffrances & ensuite ses chagrins intérieurs qui aigrirent son caractere, qui troublerent ſa raiſon & le rendirent injuſte envers un illuſtre Etranger, incapable d'avoir conçu le projet de l'avilir aux yeux de l'Angleterre, comme il l'en accuſa. Hélas! il faut donc, quelle que ſoit la juſteſſe de ſes penſées, la ſublimité de ſon génie, que l'homme ſe trahiſſe & décéle ſon imperfection par quelques foibleſſes!

De tous les torts que Rouſſeau peut avoir eus, celui qui lui enleva le plus de partiſans, fut ſa querelle avec M. Hume. La grande réputation de ſageſſe que s'étoit acquiſe cet Hiſtorien célebre, & que la plus rare impartialité caractériſe, le mit au-deſſus des ſoupçons de Rouſſeau qui avoit à ſon égard les apparences de l'ingratitude... Rouſſeau ingrat! non, il ne le fut point;

il fut trompé, égaré : il suffit, pour s'en convaincre, de relire cette lettre qu'il écrivit à M. Hume, dans le trouble de sa dispute : elle est d'une si grande vérité, elle peint si bien le délire & l'inquiétude de la sensibilité, que l'on est tenté de relever, d'embrasser l'homme qui se prosterne devant son ami, son bienfaiteur & qui veut qu'il le foule aux pieds, s'il a eu le malheur d'être injuste.

Ce qui prouve la candeur & la beauté de son ame, ce sont les larmes qu'il répandit en apprenant la mort de Voltaire! Rousseau pleurant sur la tombe de Voltaire, quel rare & touchant spectacle! Combien ces larmes du plus vertueux des hommes honorent la mémoire du plus beau génie de la France! Hélas! l'Auteur d'Emile devoit ſuivre de près le Chantre de Henri. L'humanité déſolée d'avoir perdu l'ami le plus infatigable qu'elle ait jamais eu & qu'elle aura jamais, devoit ſuccomber ſous une perte preſque auſſi irréparable que la premiere.

Ces deux grands hommes ont eu une mort auſſi différente que leur exiſtence l'a été. Voltaire a exhalé au milieu des douleurs & des contradictions, le dernier ſouffle d'une vie à laquelle les honneurs, la plus haute conſidération & l'opulence étoient attachés; Rouſſeau, au contraire, n'a jamais paru ſi calme que dans ſes derniers momens; ſes yeux fixoient avec plaiſir le beau Ciel qui éclairoit ſa fin; il ſembloit vouloir s'élever vers le ſéjour des aſtres.

Ce que cet homme immortel avoit

de corruptible eſt dépoſé à *Erménonville*, dans un jardin où l'art s'eſt réconcilié avec la nature. L'Ecrivain qui a tant fait d'efforts pour les réunir, repoſe aujourd'hui dans leur ſein. Un monument, dit-on, doit bientôt s'élever ſur ſa tombe ; on pourroit y graver cette épitaphe. *Ci gît l'homme éloquent & vrai qui dédaigna les honneurs & les richeſſes, & ne voulut être que vertueux.*

FIN.

www.ingramcontent.com/pod-product-compliance
Lightning Source LLC
La Vergne TN
LVHW022040080426
835513LV00009B/1153

* 9 7 8 2 0 1 3 7 4 6 3 9 7 *